Les jeunes étoiles

COLLECTION CRABTREE « LES JEUNES PLANTES »

Taylor Farley

Crabtree Publishing
crabtreebooks.com

J'aime la **gymnastique**.

Je vais aux cours de gymnastique.

On utilise des **matelas de réception** souples pour rester en sécurité.

SA

On porte des vêtements **extensibles**.

On s'étire, on saute et on se plie.

Notre entraîneuse nous aide pour les **sauts périlleux**.

On fait **l'équerre**.

Certaines font
le **grand écart**.

Parfois on utilise les anneaux.

On marche sur la poutre d’équilibre.

La gymnastique nous rend plus fort!

Glossaire

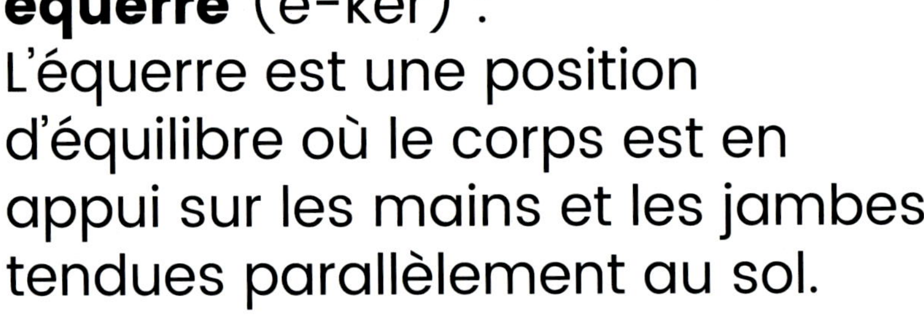

équerre (é-kèr) : L'équerre est une position d'équilibre où le corps est en appui sur les mains et les jambes tendues parallèlement au sol.

extensible (ex-tan-sibl) : Un matériel extensible peut être rendu plus large ou plus long lorsqu'il est étiré.

grand écart (gran té-car) : Le grand écart est un mouvement où le corps glisse sur le sol avec les jambes écartées dans des directions opposées.

gymnastique (jim-nas-tik) : La gymnastique est un sport où les mouvements du corps sont difficiles et contrôlés.

matelas de réception (ma-te-la de ré-sep-tyon) : Les matelas de réception sont de grands coussins souples utilisés pour assurer notre sécurité.

sauts périlleux (so pé-ri-yeu) : Les sauts périlleux sont des roulades où la tête touche le sol et le corps fait un tour complet sur lui-même.

Index

Soutien de l'école à la maison pour les gardien(ne)s et les enseignant(e)s.

Ce livre aide les enfants à se développer grâce à la pratique de la lecture. Voici quelques exemples de questions pour aider le(a) lecteur(-trice) à développer ses capacités de compréhension. Des suggestions de réponses sont indiquées.

Avant la lecture

- **Quel est le sujet de ce livre?** Je pense que ce livre parle de la gymnastique. Il peut nous apprendre les différents mouvements de gymnastique, comme celui sur la couverture.
- **Qu'est-ce que je veux savoir sur ce sujet?** Je veux savoir comment les enfants pratiquent la gymnastique.

Durant la lecture

- **Je me demande pourquoi…** Je me demande pourquoi les gymnastes portent des vêtements extensibles.
- **Qu'est-ce que j'ai appris jusqu'à présent?** J'ai appris que les enfants suivent des cours de gymnastique. Ils apprennent à faire les sauts périlleux, l'équerre et le grand écart.

Après la lecture

- **Nomme quelques détails que tu as retenus.** J'ai appris que les gymnastes utilisent des matelas de réception pour ne pas se blesser. Ils utilisent les anneaux et la poutre d'équilibre.
- **Écris les mots peu familiers et pose des questions pour mieux comprendre leur signification.** Je vois le mot *sauts périlleux* à la page 13 et le mot *grand écart* à la page 23. Les autres mots de vocabulaire se trouvent aux pages 22 et 23.

Crabtree Publishing

crabtreebooks.com   800-387-7650

Version imprimée du livre produite conjointement avec Blue Door Education en 2021.

Auteur : Taylor Farley
Traduction : Claire Savard

Hardcover 978-1-4271-5026-4
Paperback 978-1-4271-3668-8
Ebook (pdf) 978-1-4271-3736-4
Epub 978-1-4271-5008-0
Read-along 978-1-0398-0400-5
Audio book 978-1-4271-4990-9

Printed in Canada/022024/CP20240215

Publié au Canada par Crabtree Publishing
616 Welland Avenue
St. Catharines, Ontario
L2M 5V6

Publié aux États-Unis par Crabtree Publishing
347 Fifth Avenue
Suite 1402-145
New York, NY 10016

Crédits photos : Photos couverture et p. 9: Tatyana Vyc-shutterstock; illustrations d'étoiles sur le couvert et dans le livre © Casablanka-shutterstock; p. 3, 4 et 12 © Susan Chiang-istockphoto; p. 7 © Valentino Visentini | Dreamstime; p. 10-11 © aphichart-istockphoto, KathyDewar-istockphoto, Ianych-istpckphoto; p. 14 © Sveta Orlova-shutterstock; p. 15 © Akvafoto2012 | Dreamstime.com; p. 17 © Sergei Kazakov-shutterstock; p. 18 © ssj414-istockphoto; p. 21 © Julenochek-shutterstock

Catalogage avant publication de Bibliothèque et Archives Canada
Titre: Les jeunes étoiles de la gymnastique / Taylor Farley.
Autres titres: Little stars gymnastics. Français. | De la gymnastique
Noms: Farley, Taylor, auteur.
Description: Mention de collection: Les jeunes étoiles | Collection Crabtree "Les jeunes plantes" | Traduction de : Little stars gymnastics. | Traduction : Claire Savard. | Comprend un index.
Identifiants: Canadiana (livre imprimé) 20210160756 | Canadiana (livre numérique) 20210160780 | ISBN 9781427136688 (couverture souple) | ISBN 9781427137364 (HTML) | ISBN 9781427150080 (EPUB)
Vedettes-matière: RVM: Gymnastique—Ouvrages pour la jeunesse.
Classification: LCC GV461.3 .F3714 2021 | CDD j796.44—dc23